LA ÚLTIMA DEL DOMINGO

KARMELO C. IRIBARREN

LA ÚLTIMA DEL DOMINGO

Premio de Poesía Hermanos Argensola 2023

VISOR LIBROS

VOLUMEN MCCXXIII DE LA COLECCIÓN VISOR DE POESÍA

Un jurado compuesto por Jesús García Sánchez, Antonio Lucas, Carlos Marzal, María Ángeles Naval, Benjamín Prado y Remedios Sánchez, presidido por Aurora Luque, concedió a este libro el Premio de Poesía Hermanos Argensola 2023, promovido por el Ayuntamiento de Barbastro.

2ª edición, mayo 2024

Cubierta: James McNeill Whistler. *Sea and Rain*

Edición al cuidado de Nicole Brezin

Isaac Peral, 18 - 28015 Madrid
www.visor-libros.com

ISBN: 978-84-9895-573-6
Depósito Legal: M-6853-2024

Impreso en España - Printed in Spain
Gráficas Muriel. C/ Investigación, n.º 9. P. I. Los Olivos - 28906 Getafe (Madrid)

I

Esta tarde estoy solo como el mar.
Soy el mar de la tarde solamente.
El oleaje llega tristemente.
Tristes las olas vienen y se van.

Lorenzo Martín del Burgo

LA RUTINA

Quién sabe si por su lentitud
o porque sus colores
preferidos
son el gris
y el azul desgastado, sin brillo,
de las chaquetas de los oficinistas,
no goza entre los jóvenes
de buena prensa.
De todo lo bueno que les pasa de largo
la responsabilizan a ella.
Los viejos, sin embargo, incluso rezan
para que no falte a la cita
al día siguiente.
Detesta las euforias
desmedidas, las sorpresas
y el excesivo culto a la esperanza.
No le hace falta más que un rato
para bajarle los humos
a lo espectacular.
Después de las catástrofes y las guerras,
después del infierno del desamor,
aparece ella,
como si nada,
y te ayuda a seguir adelante.

EL AZAR

Para John R. Sesgo

Puede arreglarte la vida,
es verdad;
pero sabes, por experiencia,
que siempre que tiene buen día
trabaja en otro lado.

Mejor
que te deje como estás,
que no te ponga el ojo encima,

que pase —como hasta ahora— de largo.

ACTUALIZACIÓN DEL FUTURO

Todavía
sigue siendo imprescindible
para que todo siga
en marcha,
pero ya no es un valor seguro,
ni está lleno de posibilidades.

Últimamente
ha cambiado mucho.

Ahora
ni la esperanza
se fía de él.

Mejor que no se entere
si haces planes.

LOS POEMAS

El proceso siempre
es el mismo:
no sabes a la orden de qué
o quién, un día
cede una compuerta en tu interior
y van apareciendo
uno detrás de otro, en fila
(o en avalancha, otras veces,
atropellándose entre ellos).
Precisamente ahora
que ya habías perdido la esperanza
de que alguna vez volviesen.
Inútil preguntarse
dónde se ocultaban,
cómo han tardado tanto
o por qué están en los huesos
(con lo baratos que son los adjetivos).
Importa solo que te interpelen,
o te toquen el corazón
o te agarren de las solapas…
Que no parezca
que no ha pasado nada
en tu vida, una vez leídos.

LAS CUENTAS DEL ABUELO

El último sol de la tarde
abandona las fachadas de enfrente
con una caricia lenta,
agradecida.

Si por él fuese, se quedaría
un rato más entre nosotros,
pero en las calles
las farolas manchan ya de amarillo
las aceras
y el tráfico
ha empezado a desquiciarse:
pequeños síntomas
de que su retirada no tiene vuelta atrás.

Nada grave.
Sencillamente
otro domingo que se va.

Solo los viejos
lo ven marcharse
con melancolía.

Ellos hacen otras cuentas.
A ellos
nunca les parece un día más.

ESTAMPA SEPTEMBRINA

Las hojas en la plaza,
a dos palmos
del suelo,
de un lado para otro,
sin tregua,
persiguiéndose
según les sople el viento.

Como escolares
desatados
a la salida del colegio.

EL REY DEL CHISTE

Lo peor no suele ser
el chiste malo
—ese que no hace gracia a nadie,
que a todo el mundo
deja indiferente—,
lo peor suele ser la insistencia en explicarlo.

Con lo fácil que es callarse,
hacerse a un lado,
dejar que los minutos
vayan desdibujando poco a poco
el fiasco, hasta dejarlo en nada,
o algo, a lo sumo,
que alguien recordará muy vagamente
alguna vez —esperando
un autobús,
o en una plaza,
una tarde de sábado,
viendo el zigzag
en el aire de los pájaros—.

Pero no. El agraviado
—porque él lo vive así,
como un agravio—

insiste en que escuchemos su versión,
en que veamos dónde está
el quid del asunto,
en que asumamos, en fin, que este es un caso
de flagrante indigencia intelectual
(por nuestra parte).

Es el momento
de ir abandonando la reunión.
Hay que dejarle solo,
que medite.
No está maduro aún.
Le faltan todavía algunos chistes.

LEYENDO *EN BUSCA DE LA FELICIDAD*

Nada parece seguro,
pero todo parece posible.

Es Manhattan al amanecer.

Aquí también amanece,
pero esto es San Sebastián.

El cielo está gris, hace frío,
llueve…
                    Ninguna pinta
de que pueda pasar algo más.

SUMANDO LOGROS

He publicado unos cuantos libros,
voy para viejo
y no le debo dinero a nadie.

No es mucho,
pero es algo.

                    Además
—como hay gente para todo en el mundo—
habría que añadir
a estos pequeños logros
un regalo distinto,
único,
como hecho por alguien
a su pesar:
                    la decepción
que se habrán llevado algunos.

MADRUGADA

Vuelvo a casa
andando
bajo los árboles,
por el Paseo de los Fueros.
No hay viento, no se oyen pájaros.
Como tampoco se ve a nadie
por ningún lado,
la sensación es de cierta inquietud.

Este tipo de pensamientos
no conducen a nada
—me digo—.

Luego
me pregunto
a qué idea o recuerdo
habrán impedido el paso.

Y si volverán.

UNA LOCURA

La insensatez
campa a sus anchas por el mundo,
es necesario
acometer pequeños actos de cordura,
equilibrar un poco la balanza.

Por eso acerco
mi boca
en este instante
hasta la tuya.

Seguro
que lo entiendes:
entre otras cosas,
no hacerlo sería una locura.

EL GORRIÓN

No parece el gorrión
un pájaro del cielo,
no está tocado
por la gracia de la naturaleza
(o no, al menos, a la manera
de la golondrina, el mirlo,
el jilguero o tantos otros).
Parece más el gorrión un pájaro
de barrio, de callejuela,
de terraza de bar
siempre al borde del traspaso.
Pero eso es lo que nos gusta de él,
lo que lo hace simpático,
su cercanía, ese saber estar
entre la gente, su falta de altivez.
A mí me encanta verlos
por ahí, a su aire, en el aire,
con ese aire de pájaros normales
(la chaqueta sin brillo,
gastada por el uso).
Tengo ahora mismo
a un par de ellos aquí abajo,
a mis pies, picoteando
en la acera, agradeciéndome
en morse el desayuno.

EL DESCAMPADO

Empieza
donde termina
la ciudad.

                    A plena luz,
no es más que un lugar
triste,
sucio,
a la intemperie;

de noche ejerce
una malsana fascinación:

no importa
lo que imagines,

ahí podría suceder.

CONDENADOS A ENTENDERSE

(Bahía de la Concha, otoño)

Frente a frente,
en silencio,
mirándose
            se diría
que con calculada indiferencia,
como si apenas se conociesen,
así han pasado
la mañana
cielo y mar.

            Al final,
espoleados
por la brisa,
cielo ha puesto una nube,
mar un pequeño velero.

Mínimos.
            Pero ademanes
de acercamiento.

OTRO VISTAZO AL TIEMPO

Como si hubiese olvidado
de repente
la auténtica razón
de su existencia,
su cometido en este mundo,
desde hace unos minutos
el tiempo ha decidido
no pasar.

No es grave,
de momento.

                    Para ponerlo otra vez
en el camino
—dado quc ni yo ni cl camarcro,
quizás porque nos tiene
demasiado vistos,
le parecemos asuntos de interés—,
bastaría, por ejemplo, con que alguien
tirase en un descuido
un vaso al suelo
al levantarse de la mesa.

Tendríamos, de esa manera,
un antes y un después
del incidente,
un dato a tener en cuenta,
un pequeño hito
en la biografía de la tarde.

Al tiempo no le gusta pasar
inadvertido,
como si no pasase.

Necesita continuamente
cosas nuevas:
vive de envejecerlas.

NOSOTROS, LOS DE ENTONCES

Éramos jóvenes
y no teníamos
nada:
          ni novia ni futuro
ni esperanza…

No teníamos ni un perro
al que poder contarle
nuestras desgracias.

Pero cómo
no añorar aquellos tiempos:
siempre se morían otros.

HISTORIA DE UN POEMA

Aquel breve poema
precedido
por las citas de seis clásicos
y la desproporcionada
dedicatoria
al eximio poeta patrio
(que, por cierto, criaba malvas
desde hacía más de un siglo,
es decir, no podía
defenderse del agravio),
aquel breve poema, digo, te miraba
desde la página veintitrés
como pidiéndote perdón,
como tratando
de dejar claro
que él no había pedido estar allí.
Había algo, sin embargo, un detalle
que no se le escapaba
a ningún buen lector:
pese al total desaguisado
—o quién sabe si gracias a él—,
aquel breve poema,
indefenso, encogido,
acomplejado

ante semejante avalancha
de erudición,
acababa resultando memorable.

EL POETA

Recorre calles
y plazas,
se sienta
en una cafetería,
mira un poco aquí y allá,
pide un café,
hojea un rato la prensa…
Al fin
tira hacia el mar,
hoy tiene una calma rara,
espectral,
onírica;
por el oeste,
nubes grises de tormenta…
Evita los edificios
oficiales,
enfila el río
y vuelve con él.
Nadie lo diría,
viéndole.
Pero lleva horas
buscando
cómo cerrar un poema.

EL LEGADO

No fueron
mala gente,
pero fueron muy cobardes
—algo que, en ocasiones, se le parece mucho—.

Dejaron como herencia
su paso por el mundo:
                                        un ejemplo
a no seguir.

BAGATELA CREPUSCULAR

Desde mi cuarto
observo
cómo las llamaradas del crepúsculo
—inclementes,
furiosas—
van devorando
hasta el último resquicio de luz.

Hago después
balance
de lo que ha supuesto
el paso
de este miércoles cinco de octubre
de dos mil veintidós
por mi vida.

Concluyo
que entre muy poco
y nada.

Finalmente
me pregunto
a santo de qué ese exceso,

esa sobreactuación
de la naturaleza.

Si era en verdad necesaria.

EL DEL PUPITRE DE AL LADO

Me cuenta
un episodio de mi vida
del que no tenía
memoria.

Como no me lo esperaba,
acuso el pequeño golpe.

Él finge
no dar mucha importancia
al asunto,
y se aleja.

Llevaba años
esperando un momento así.

CIORAN Y TÚ

Una dosis de Cioran
por las mañanas
me inmuniza para el resto del día.
Gracias a ella,
la estupidez y la maldad
no me cogen por sorpresa
y hasta pueden arrancarme una sonrisa
si sus efectos
al final resultan
más ridículos que fatales.
Pero a veces
ni el Cioran más pesimista
es antídoto suficiente:
son esos días
en que el mundo
—esta vez sí, de verdad—
parece decidido a suicidarse.
En esos casos
—como tampoco funciona
la ironía, y los años
además de viejo
me han hecho sabio
(que es la forma literaria de decir
algo cobarde)—,

no me queda más remedio
que buscar
un refugio seguro.
Quiero decir, que buscarte.

LA LUZ DEL FIN DEL MUNDO

Asomado al balcón
alcanzo a ver
—allí, al fondo—
hilachas de crepúsculo entre los edificios.

Hay una calma rara en las calles,
un silencio distinto,
tenso, ominoso.

No parece
esta ciudad,
parece el mundo
el lugar del que está huyendo la luz.

(24 de febrero de 2022)

LOS POEMAS, LA VIDA

No entiendo qué les pasa a los poemas
últimamente.

Rara vez aparecen
y cuando lo hacen se les nota inseguros,
sin confianza, frágiles,
como remisos a posarse en el papel.

No lo sé. Es probable que exagere
y no deba preocuparme.

Si lo pienso,
la vida ahora también tiene
ese tono de sol
de última hora de la tarde
que se agarra a las fachadas
cada vez con menos fuerza.

Y en mi caso, ellos solo la reflejan.

POR TIERRAS DE ESPAÑA

A veces
vas en el tren,
ensimismado
en la ventanilla,
y aparece un pequeño río.

Ahí,
en mitad de la nada,
con ese aire
de despistado,
de perdido,
no parece muy seguro
de hacia dónde se dirige.

Le echas un último
vistazo
y piensas
que ni Heráclito
contó con él
cuando inventó
la famosa máxima.

También
que hay milagros tristes.

ESPERANDO A QUE ESCAMPE

No ha dejado de llover
en todo el día.
Los charcos
parecen mares en miniatura;
las luces de los comercios
se abisman
en su profundidad;
leves ráfagas de viento
rizan pequeñas olas en su superficie.
Pronto se abrirán las nubes
y la luna
le arrancará al asfalto
matices nuevos,
creará espejismos en la lejanía,
pondrá luz
en las calles
para que circule el viento sur.
Y en cuestión
de minutos, la ciudad
—sometida, eso sí,
al escrutinio de algún gato—
volverá a deslumbrar
como una joya
expuesta en la vitrina de la madrugada.

Será la hora
de volver sobre mis pasos.
Una sombra fugaz
cruzará entonces
las calles y las plazas abandonadas,
igual que lo hace ahora
por estos versos
alejándose hacia el final
de este poema.

NO HAY PELIGRO

En esta época del año
la tierra resucita,
todo parece tener otra oportunidad.

La primavera y sus milagros, ya se sabe.

No hay peligro ninguno.

Intangibles como espejismos,
aun sucediendo ahí delante,
siempre suceden muy lejos:

en otra edad, en otro mundo.

MAYO

Las jóvenes estudiantes
invadiendo, bulliciosas, las terrazas.

Quisiera ser brisa
el viento
para poder acariciarlas.

EN LA MESA DE AL LADO

Hablan de la vida
con un dominio de la situación
realmente asombroso.

                                        No albergan
el más mínimo asomo de duda
de que todo va a discurrir
según lo previsto en el guion
—del que tienen, por supuesto, un ejemplar—;
se trata solo de quemar etapas,
de ir cumpliendo los plazos.

Ver el mar me gusta
por razones de muy variada índole.

En ocasiones, sin embargo,
solo es una imperiosa necesidad.

AQUELLOS TIPOS

Aparecían siempre
a última hora:
la camisa
arrugada,
la chaqueta en la mano,
la corbata
—como una lengua—
asomando
del bolsillo del pantalón.
Pedían algo
fuerte,
le daban un primer trago,
y luego
se quedaban ahí,
en silencio,
absortos, mirando
fijamente el interior
de la copa,
ese enorme boquete,
ese abismo
al que ya
habían decidido saltar.

JÓVENES DEL EXTRARRADIO

Para ellos
el futuro
está siempre al alcance de la mano,
les basta un mínimo gesto
para llegar a él.

El otro
—el importante,
el que a veces asusta—
no les afecta.

Saben
que es muy raro que pase por ahí.

SINGLADURAS

Aunque tengo aversión
a los aviones
—o quién sabe si por eso mismo—
me encantan las estelas que dejan a su paso.

Esas singladuras blancas
deshaciéndose en la infinitud del cielo
son metáfora de muchas cosas.

En los atardeceres despejados de invierno
parecen la rúbrica
a otro día
que tampoco esa vez
ha querido firmar nadie.

EL HARTAZGO DE LOS ASCENSORES

Han pasado casi dos siglos
desde que el primero
se puso en marcha.
Nada que ver los de ahora
con aquellos viejos trastos.
Estos son mucho más seguros
y están mejor equipados:
tienen música, espejos, cámaras,
y algunos hasta te avisan
de que ese es tu rellano.
Pero hay algo que no cambia,
que ha permanecido intacto
hasta hoy: el tema de conversación.
Salvo que el acompañante
sea de tu confianza,
en estos como en aquellos,
para pasar el mal trago
de la excesiva intimidad,
seguimos recurriendo al tiempo.
Vaya día, eh, dices.
Y no añades nada más,
no hace falta. Sirve igual
para uno lluvioso de invierno
que para otro asfixiante de verano.

Y así desde que se inventaron.
Normal que, a veces, hartos,
se paren entre dos plantas.

UNAS LÍNEAS PARA MI INFANCIA

Pese a las condiciones lamentables
no nos quedaba otro remedio
que seguir siendo niños.

La infancia, entonces, era obligatoria.

Visto ahora el asunto,
no parece tan grave:
                                        bastaba
con dejar que pasase el tiempo.

Y esa era su condición: pasar.

Pero no lo hizo a cualquier precio:
nos sometió a la tortura de su lentitud.

DAMNIFICADOS

No es fácil de entender,
pero sucede
que la felicidad del vecino del sexto
—nada del otro mundo,
la típica felicidad de andar por casa—
también deja
sus damnificados.

                              Es gente
que sufre como una ofensa
el hecho de que a este o a aquel otro
las cosas le vayan
más o menos bien
—o le vayan, simplemente—.

Poco se puede hacer
por ellos.

                    A veces,
como quien le echa
un hueso falso a un perro
para que gaste la rabia,
fingir algún leve

contratiempo
les insufla cierto ánimo.

No mucho, pero ayuda algo
que no te vean sonreír.

LA VIDA ES CORTA

Entre lo que piensas tú de ti
y lo que piensan los demás,
hay sutiles diferencias, en ocasiones;
insalvables abismos casi siempre.

No pierdas el tiempo
con ese asunto:
                                        por motivos
que ni siquiera ellos entienden,
corregir esa percepción equivocada
nunca ha sido una prioridad.

Sigue a tus cosas como si no existiesen.

Hay bares para todos en el mundo.

BREVE VARIACIÓN SOBRE UN TEMA DE Á. G.

Cuando eres joven
—a medida
que se acerca—
al futuro se le van apagando las luces,
pierde brillo y fulgor,
resulta que no era para tanto,
que al final
tiene pinta
de día laborable.

Como es tu vida,
te acostumbras, qué remedio.

Y los días van pasando…

Sería suficiente —te dices—, si durase.

MANIOBRAS DE DESPISTE

Humano, demasiado humano.
FRIEDRICH NIETZSCHE

No deja de ser curioso
que sean esos días
grises
—en los que no sucede nada
y que se olvidan por completo al día siguiente—
los que más se añoren en los hospitales.

Curioso, sí, pero muy fácil
de entender:
                                        en esos sitios
uno nunca termina de fiarse
y rebaja por si acaso las expectativas
a ver si así se cumplen.

Que no se engañe nadie.
                                                                Se trata solo
de una ingenua maniobra de despiste.

A MIS VIEJAS BOTAS DE LLUVIA

Resulta, más que extraño, admirable
que, conociendo como conocen
cada uno de mis pasos,
me hayan soportado hasta hoy.

No se me ocurre fidelidad semejante.

Se han dejado literalmente la piel
—nunca mejor expresado—
trayéndome de vuelta a casa
cada noche de una pieza.

Y mira que nos hemos metido en charcos.

No pienso deshacerme de ellas.

Las dejaré por ahí, en alguna parte,
donde pueda, de vez en cuando,
echarles una mirada y recordar.

Será como volver a las andadas,
                                        pero ahora
—no estamos ya para derrotas nocturnas—
las cervezas sentado en el sofá.

DICIEMBRE

Diciembre, martes, siete
de la mañana.
En la cocina,
con un café
y el cuaderno sobre la mesa.
El cristal
de la puerta que da al balcón
está empañado.
Retiro un poco
la cortina
y hago un hueco en el vaho
con los dedos.
Me fijo
en los edificios
de enfrente.
Arriba, en los tejados,
las chimeneas
trabajan a pleno
rendimiento.
Qué manera de echar humo.
El color del aire,
gris sucio
con hilachas blanquecinas,
recuerda al que aquí,

en Donosti,
suele preceder
a la llegada de la nieve.
Voy bajando
la vista.
Hay luz en las ventanas.
Tras ellas —pienso— esa épica
minúscula
de las vidas anónimas.
Las que mueven el mundo.

II

Pedí a los profersores que enseñan
el sentido de la vida
que me dijeran qué es la felicidad.

Carl Sandburg

BREVE INDAGACIÓN EN LA INFELICIDAD

Es un mundo inmenso,
lleno de matices,
                    por eso, cuando aparece,
cada uno es infeliz a su manera.

Luego van pasando los días,
el dolor cede,
se vuelve rutinario, predecible,
te preguntas
si acaso no será solo eso la vida,
puedes incluso pensar que has podido con ella.

La realidad, sin embargo,
es muy distinta:
                    llegados a ese punto,
ya ni necesita que la sientas.

ANTES DE ENTREGAR LAS LLAVES

Echa un último vistazo
a las estancias
vacías.
Un cuadro en la pared
—del que iba a ser el cuarto de los niños—
llama su atención.
Un olvido
de los de la mudanza,
seguramente.
Lo observa un rato
no sin cierta melancolía.
No ha llegado
siquiera
a tener un valor sentimental.
Debería dejarlo ahí
—se dice—
como un aviso para los siguientes.
Una pequeña maldad
que no le pega.
Abajo ha visto un contenedor.

EL HUNDIMIENTO

No precisas detalles,
un ligero
vistazo
a la sala de estar
es suficiente:

en un último
intento
de reflotar la nave
cambiaron
el papel de la pared;
pero ya
ni lo recuerdan.

Como el de las promesas
de fin de año,
el efecto
duró un par de meses.

III

Si quieres ser feliz, como me dices,
no analices, muchacho, no analices.

Joaquín María Bartrina

EL AZAR II

Tiene algo que suscita
curiosidad, especialmente.

Me refiero a su insistencia
en mostrarse generoso
con el ya de por sí afortunado.

A ese nulo sentido de la estética
del que hace gala, a veces.

La máxima expresión, acaso,
de independencia en su proceder.

LA CARA DE LA GENTE

Por la calle todos parecemos distintos,
miles de rostros
y ninguno igual al nuestro.

Eso es, como digo, lo que parece.

Pero si ahondásemos un poco en el asunto
veríamos que no es así,
que a partir de una edad
—pongamos, por ejemplo, los cuarenta y cinco—
a todos se nos va quedando
una cara parecida: la que ponemos
cuando nos dan gato por liebre.

No pasa nada. Te acostumbras enseguida.

Y el hecho de que le suceda a tanta gente
hace que pases desapercibido.

RÁFAGAS DE OPTIMISMO

Cada vez
me cruzo
con menos conocidos por la calle.

Es algo
en lo que no me había detenido
hasta hace poco.

A veces
tengo buen día
y pienso
que se habrán ido a vivir
a otra ciudad.

LA ÚLTIMA DEL DOMINGO

El cielo tiene color
de tinta china.

Allí enfrente,
paralelos al río, los árboles
—esqueléticos, temblando—
parecen colocados
para su ejecución.

No hay un alma en la calle,
ni luz en las ventanas,
ni apenas tráfico en la autopista.

No hay vida.
Y, sin embargo,
no está todo perdido.

Aquí abajo, en la plaza,
acaba de encenderse
el neón de El Álamo.

Bajaremos
a defender el fuerte.

ÍNDICE

I

Esta primera edición de
La última del domingo
se acabó de imprimir
el 5 de marzo de 2024
en Madrid.